Christiane Wittenburg

Hexengeschichten

Mit Illustrationen von Rebecca Abe

gondolino

ISBN: 978-3-8112-3151-1
© gondolino in der Gondrom Verlag GmbH, Bindlach 2008
Reihenlogo: Petra Theissen
Umschlagillustration: Michaela Sangl
Printed in Germany – 010
5 4 3 2 1

Alle Rechte vorbehalten:
Kein Teil dieses Werkes darf ohne schriftliche Einwilligung des Verlages in irgendeiner Form (Fotokopie, Mikrofilm oder ein anderes Verfahren) reproduziert werden oder unter Verwendung elektronischer Systeme verarbeitet, vervielfältigt oder verbreitet werden.

Der Umwelt zuliebe gedruckt auf chlorfrei gebleichtem Papier.

www.gondolino.de

Inhalt

Pompelinas Rabe 8

Verrückte Rosalla 16

Mit der Hexe stimmt was nicht 24

So ein schwieriger Hexenspruch 32

Schmökerbären-Leserätsel 40

Pompelinas Rabe

Pompelinas Rabe Toni liebt alles,

was Glitzert,

und nimmt es mit.

Gestern kam Toni

mit einem goldenen Ring nachhause.

Pompelina möchte den Ring

gern zurückgeben.

Aber Toni verrät ihr nicht,
wo er ihn herhat.
„Gut, dann hexe ich ihn eben zurück",
beschließt Pompelina.

„Hokus pokus Glitzerstück
fliege fix nachhaus' zurück!"
Doch der Ring rührt sich nicht.
Er bleibt in Tonis Schnabel.

Da klopft es an der Tür.
Wer kann das sein?,
überlegt Pompelina.
Die Hexe öffnet.
„Rab, die Oberhexe, rab",
krächzt Toni aufgeregt.

Dabei fällt ihm der Ring
aus dem Schnabel.
Er landet direkt vor den Füßen
der Oberhexe.
„Da hatte meine Kugel doch Recht!
Hier ist mein verschwundener Hexenring",
sagt die Oberhexe.

„Ich habe ihn schon überall gesucht,
man kann ihn nämlich nicht zurückhexen."
Pompelina wird ganz bleich.
Hat Toni den Ring etwa
der Oberhexe geklaut?

„Toni", flüstert sie
ihrem Raben wütend zu.
„Zum letzten Mal,
wo hast du den Ring her?"
„Rab, ich hab ihn
in unseren Himbeerbüschen gefunden",
sagt Toni trotzig.

Nun wird die Oberhexe bleich.
„Ich hab neulich heimlich
bei dir Himbeeren genascht.
Da muss ich den Ring
wohl verloren haben",
sagt die Oberhexe zerknirscht.

Pompelina lacht erleichtert.
„Toni, ich dachte, du wärst ein Dieb,
aber du bist ein Sachenfinder!"
Und von der Oberhexe bekommt Toni
eine glitzernde Goldmünze als Finderlohn.

Verrückte Rosalla

Rosalla ist ein bisschen anders
als die anderen Hexen.
Sie fliegt nicht auf einem Besen,
sondern auf einem Regenschirm.
Und auf ihrer Schulter sitzt keine Katze,
sondern ein Hund.

Heute will Rosalla

die kranke Tante Isidora besuchen.

Ihre Mama gibt ihr noch eine Flasche

ihres berühmten Jokanazaubertrankes mit.

Er hilft hervorragend

gegen Krankheiten aller Art.

Dann fliegt Rosalla los.

Beim Haus ihrer Tante
kommt sie durch den Kamin
direkt ins Wohnzimmer.

Doch bei der Landung
öffnet sich der Schirm.
Rosalla stolpert,
und die Flasche
mit dem Zaubertrank zerspringt.

Der Inhalt verteilt sich sofort
über den ganzen Boden.
„So ein Mist", schimpft Rosalla.

„Was ist los?",
ächzt Tante Isidora erschrocken.
„Entschuldige, Tante Isidora",
sagt Rosalla kleinlaut.

„Der Jokanazaubertrank ..."
Da springt Rosallas Hund
mit einem Satz von ihrer Schulter.
Er stürzt sich auf die Pfütze
und schleckt sie restlos auf.

Rosalla kann gar nichts dagegen tun.

Ob dem Hund der Trank bekommt?

Wenig später beginnt der Hund,

durchs ganze Wohnzimmer zu springen.

Er tanzt auf zwei Beinen,

macht Saltos und Kopfstand.

„Für Hunde ist es wohl
eine Art Krafttrunk",
kichert Rosalla.
Auch Tante Isidora muss lachen.
Es sieht einfach zu komisch aus.

„So was Verrücktes",
seufzt Tante Isidora.
„Nach dieser Vorstellung
geht's mir schon gleich viel besser.
Bei so viel Lachen
brauche ich den Zaubertrank
gar nicht mehr selbst zu schlucken."

Rosalla fällt ein Stein vom Herzen.
Also konnte sie ihrer Tante
auch ohne Trank helfen.

Mit der Hexe stimmt was nicht

Die böse Hexe aus dem Lebkuchenhaus
kennt doch jeder.
Aber was ist heute mit ihr los?
Die Hexe ist ja so freundlich.
Sie winkt Hänsel und Gretel zu.

Sie hat den Tisch gedeckt und überall bunte Luftballons aufgehängt.
Hänsel und Gretel sind erstaunt.
„Bist du denn gar nicht böse, Hexe?", fragt Hänsel.

„Ach", seufzt die Hexe.
„Das war ich bisher immer.
Aber als böse Hexe
ist man furchtbar einsam.
Deswegen möchte ich von nun an
lieber immer freundlich sein."

Da sind Hänsel und Gretel froh.
Sie essen mit der Hexe Kuchen
und trinken Limo.
„Nun hexe ich euch was Lustiges",
sagt die Hexe.

„Aufgepasst!"
Sie nimmt ihren Zauberstab
und lässt Messer und Gabel
auf dem Tisch Versteck spielen.

Dann verwandelt die Hexe
den restlichen Kuchen
in einen Gummiball.

Aus der Limo wird,

simsalabim,

ein Springseil.

Hänsel und Gretel

spielen mit der Hexe,

bis es schon fast dunkel ist.

„Nun bringe ich euch nachhause",
sagt die Hexe.
Sie holt ihren Besen.
„Kommt, steigt auf!
Den Ball und das Springseil
dürft ihr natürlich mitnehmen."

Hänsel und Gretel sind überglücklich.

Das war so ein schöner Nachmittag.

Bestimmt kommen sie die Hexe

bald wieder besuchen.

So ein schwieriger Hexspruch

Trixi soll für die Schule
einen Hexspruch üben,
mit dem ihre Zauberkugel
auf Hochglanz poliert wird.
„Wie langweilig",
stöhnt Trixi.
„Ich würde viel lieber Bonbons hexen."

„Kelotofil popitiffi karumpalänzt,
Zauberkugel strahlt und glänzt",
liest Trixi.
„Wie soll ich das nur hexen,
ohne mich dabei zu versprechen?"

Sie atmet tief ein.

Dann nimmt sie ihren Zauberstab.

„Kartoffofil popimiffie warumpalänzt,

Zauberkugel strahlt und glänzt."

Die Zauberkugel beginnt,

sich wild zu drehen.

Dampf und Rauch steigen auf.

Trixi hält sich die Nase zu.
„Iiiiih, wie das stinkt!"
Da ist wohl was falsch gelaufen.
Schnell sagt Trixi den Nothexspruch:
„Hoppladiehopp – stopp!"

Die Zauberkugel liegt wieder ruhig da.
Doch im Zimmer stinkt es
noch immer fürchterlich.
Trixi öffnet alle Fenster.
Nun will sie es noch mal versuchen.

Durch den Rauch ist ihre Kugel
noch schmutziger als zuvor.
„Kelotofil popitiffi karumpalänzt,
Zauberkugel strahlt und glänzt!"

Die Zauberkugel beginnt erneut,
sich zu drehen.
Diesmal zum Glück ohne Rauch.
Sie dreht sich
und fliegt schnell durchs Zimmer.

Doch da geht schon wieder etwas schief:
Die Kugel fliegt zum Fenster hinaus.
„O nein!", stöhnt Trixi.
Eilig rennt sie nach draußen.
Da sieht sie,
wie ihre Kugel in der Mülltonne landet.

Trixi rümpft die Nase.
Angewidert fischt sie
ihre Kugel aus der Tonne.
Doch da staunt Trixi nicht schlecht:
Trotz der Abfälle
glänzt ihre Kugel wie neu.
Der Zauber hat geklappt, hurra!

Schmökerbären-Leserätsel

Klasse, du hast das ganze Buch gelesen! Und wenn du genau aufgepasst hast, kannst du bestimmt auch die Fragen hier richtig beantworten. Wenn du die Buchstaben neben den richtigen Antworten auf Seite 42 einsetzt, ergibt sich ein Lösungswort.

1. Wie heißt Rosallas Tante?

   R: Dorothea
   B: Isidora

2. In was hat die Hexe aus Hänsel und Gretel den restlichen Kuchen verwandelt?

   E: Gummiball
   A: Radiergummi

3. Wem gehört der goldene Ring, den Rabe Toni im Schnabel hat?

   S: Der Oberhexe
   B: Der Wetterhexe

4. Wo landet Trixis Zauberkugel?

   U: Im Teich
   E: In der Mülltonne

5. Warum macht Rosallas Hund einen Salto?

   K: Er tritt im Zirkus auf.
   N: Er hat den Zaubertrank aufgeleckt.

Lösungswort:

Und, hast du alle Fragen richtig beantwortet? Super! Du bist ein echter Lese-Profi! Hast du Lust auf noch mehr spannende Geschichten? Dann schau doch mal auf unserer Website vorbei: *www.gondolino.de*. Hier findest du bestimmt das richtige Buch!

Dein gondolino-Team

Lösungswort: Besen

Die Autorin

Christiane Wittenburg schrieb während ihres Studiums zunächst für die Zeitung. Doch nach ihrem Abschluss in Grundschullehramt und Germanistik führte ihr Weg sie nach München zu einem Kinderbuchverlag. Seitdem denkt sie sich mit großer Begeisterung Geschichten für Kinder aus. Heute arbeitet sie als freiberufliche Autorin und lebt mit ihrer Familie in Erding.

Die Illustratorin

Rebecca Abe wurde 1967 in Starnberg geboren. Sie studierte Grafik-Design in München. Seit Abschluss ihres Studiums arbeitet sie freiberuflich als Illustratorin und Autorin für verschiedene Verlage. Sie lebt mit ihrer Familie und vielen Tieren am Starnberger See.